Lennart Berning

Private Equity – Chance oder Risiko?

GRIN Verlag

Bibliografische Information der Deutschen Nationalbibliothek:

Die Deutsche Bibliothek verzeichnet diese Publikation in der Deutschen National-
bibliografie; detaillierte bibliografische Daten sind im Internet über http://dnb.d-
nb.de/ abrufbar.

Impressum:

Copyright © 2010 GRIN Verlag GmbH
Druck und Bindung: Books on Demand GmbH, Norderstedt Germany
ISBN: 978-3-640-92949-8

Dieses Buch bei GRIN:

http://www.grin.com/de/e-book/172758/private-equity-chance-oder-risiko

GRIN - Your knowledge has value

Der GRIN Verlag publiziert seit 1998 wissenschaftliche Arbeiten von Studenten, Hochschullehrern und anderen Akademikern als eBook und gedrucktes Buch. Die Verlagswebsite www.grin.com ist die ideale Plattform zur Veröffentlichung von Hausarbeiten, Abschlussarbeiten, wissenschaftlichen Aufsätzen, Dissertationen und Fachbüchern.

Besuchen Sie uns im Internet:

http://www.grin.com/

http://www.facebook.com/grincom

http://www.twitter.com/grin_com

Asam-Gymnasium
München

Kollegstufenjahrgang 2008/2010

F A C H A R B E I T
im Leistungskurs Wirtschaft & Recht

THEMA: „Private Equity – Chance oder Risiko?"

VERFASSER: Lennart Berning

Inhaltsverzeichnis:

1. Einleitung

„Wir müssen denjenigen Unternehmern, die die Zukunftsfähigkeit ihrer Unternehmen und die Interessen ihrer Arbeitnehmer im Blick haben, helfen gegen die verantwortungslosen Heuschreckenschwärme, die im Vierteljahrestakt Erfolg messen, Substanz absaugen und Unternehmen kaputtgehen lassen, wenn sie sie abgefressen haben."[1] So beschrieb der ehemalige SPD-Vorsitzende Franz Müntefering 2004 eine Investmentform, die auch unter dem Namen „Private Equity" bekannt ist.

Diese Tiermetapher, die in Deutschland die so genannte „Heuschreckendebatte" auslöste, richtete sich gegen eine kleine Gruppe von Private Equity Gesellschaften, die durch eine ausnahmslos renditeorientierte Arbeitsweise, welche soziale Aspekte in den Hintergrund stellte, auffällig wurde.

Die Idee, die hinter dieser Finanzierungsform steckt, ist jedoch nicht neu. Seit Jahrhunderten beteiligen sich Investoren mit Kapital und Beratung an wirtschaftlichen Projekten, um einer Idee zum Durchbruch zu verhelfen und selbst Profit daraus zu schlagen. Beispielsweise wurde die Entdeckung Amerikas erst dadurch möglich, dass Christoph Kolumbus mutige Finanziers für seine Reise fand.

In der derzeit sehr emotional geführten Debatte über Private Equity treten die positiven Grundzüge dieser traditionsreichen Investitionsform fast vollkommen in den Hintergrund.

Ein Ziel dieser Arbeit ist es, vorbehaltlos und unabhängig von der politischen Debatte Private Equity Investitionen hinsichtlich ihrer Vor- und Nachteile respektive ihrer Chancen und Risiken sowohl für die Zielunternehmen als auch für die Private Equity Gesellschaften zu untersuchen.

Zunächst werden die Grundlagen der Private Equity Finanzierung erläutert um den Leser mit der Thematik vertraut zu machen. Daran anschließend sollen die Chancen und Risiken einer Private Equity Investition für die Beteiligten, sowie die gesamtwirtschaftlichen Auswirkungen einer Private Equity Transaktion untersucht werden. Schwierigkeiten bereitet hierbei die geringe Anzahl von unabhängigen Informationsquellen, da viele vorliegende Studien, die sich mit Private Equity Investitionen und ihren Auswirkungen befassen von Private Equity Interessenverbänden in Auftrag gegeben wurden.

Abschließend soll untersucht werden, ob es auf die Fragestellung „Private Equity – Chance oder Risiko?" eine allgemeingültige Antwort gibt.

---

[1] http://www.tagesspiegel.de/zeitung/Titelseite;art692,2592557

2. Theoretischer Teil

2.1 Begriffsdefinition

Private Equity ist nach der Definition der European Venture Capital and Private Equity Association (EVCA)[2] der Oberbegriff, der den gesamten Markt für privates Beteiligungskapital umfasst. Hierzu zählt auch das sog. Venture Capital („Wagniskapital"), welches insbesondere bei jungen Unternehmen zum Einsatz kommt.

Im wirtschaftlichen Sinn versteht man unter einer Private Equity Investition den Erwerb von Eigenkapitalanteilen oder eigenkapitalähnlichen Titeln an nicht börsennotierten Unternehmen. Der Begriff steht wörtlich übersetzt für privates (Private) Eigenkapital (Equity).[3] Dieses private Eigenkapital kann von institutionellen Investoren, etwa Banken oder Versicherungen stammen, aber auch von vermögenden Privatpersonen, sowie großen Beteiligungsgesellschaften.

Die Kapitalgeber beteiligen sich entweder direkt am Unternehmen oder stellen ihr Geld Fondsgesellschaften zur Verfügung, die das Kapital in Firmenanteile von ausgewählten Zielunternehmen (Portfoliounternehmen) investieren. Sehr häufig sind solche Zielunternehmen innovativen Branchen zuzurechnen und lassen für den Eigenkapitalgeber überdurchschnittliche Umsatz- und Gewinnchancen erwarten.

Privates Beteiligungskapital weist im Vergleich zu den an der Börse gehandelten Beteiligungstiteln eine Reihe von Besonderheiten auf:[4]

(1) Privates Beteiligungskapital wird zum allergrößten Teil indirekt über Finanzintermediäre (lat. intermedius „dazwischenliegend"), d.h. Beteiligungsfonds, an den Unternehmenssektor vermittelt.

(2) Private Beteiligungskapitalgeber achten auf konzentrierten Anteilsbesitz, d.h. Sie halten entweder die Mehrheit der Unternehmensanteile oder zumindest einen nennenswerten Minderheitenanteil.

(3) Die Finanzierungsverträge, welche die Private Equity Gesellschaften mit den Portfoliounternehmen abschließen, weisen spezifische Merkmale auf, wie etwa eine zeitliche Befristung der Finanzierung oder die Einräumung von Kontrollrechten.

Das Ziel der Private Equity Gesellschaft ist der Verkauf der Beteiligung mit einem Kapitalgewinn (Capital Gain) nach einer üblichen Haltedauer von drei bis sieben Jahren. Während dieser Beteiligungsdauer übernimmt die Beteiligungsgesellschaft als Intermediär

---

2   Vgl. Eckstaller, Claudia; Huber-Jahn, Ingrid: Private Equity und Venture Capital – Bergriff – Grundlagen
    – Perspektiven, Verlag Wissenschaft & Praxis, Sternenfels 2006, S. 11.
3   Vgl. Ebd., S. 11.
4   Vgl. Kaserer, Achleitner: Private Equity in Deutschland – Rahmenbedingungen, ökonomische Bedeutung
    und Handlungsempfehlungen. Books on demand, Norderstedt 2007, S. 19.

die Finanzierungsfunktion, Betreuungsfunktion, sowie die Exitfunktion durch den Verkauf der Beteiligung.

2.2 Ablauf einer Private Equity Investition

Die Private Equity Gesellschaften suchen gezielt Unternehmen, deren Rendite-Risiko-Verhältnis günstig ist. Auf diese wesentlichen Kriterien reduziert, mag die Auswahl des richtigen Zielunternehmens einfach erscheinen. Die Komplexität dieses Vorgangs zeigt sich erst in den einzelnen Phasen, die dabei durchlaufen werden.

Phase 1 – Vorauswahl:[5]

Ungeachtet der Qualität der ersten Kontaktaufnahme – von kurzen E-Mails bis zu vollständigen Businessplänen – werden bei der Beteiligungsgesellschaft alle Anfragen in eine interne Datenbank eingestellt und einer Vorprüfung unterzogen. In dieser Vorprüfung scheidet eine Unternehmensidee bereits aus, wenn sie kein Wachstumspotenzial aufweist oder kein innovatives Produkt hervorzubringen möglich scheint.

Selbst ein hervorragendes Produkt in einem interessanten Markt wird für eine Beteiligungsgesellschaft nicht mehr von großem Interesse sein, wenn es lediglich ein sogenanntes „me-too"-Produkt (Nachahmerprodukt) ist. In dieser Phase der Vorauswahl scheiden bereits die meisten Unternehmen aus und gelangen nicht zur nächsten Phase.

Phase 2 – Analyse des Geschäftsmodells:[6]

Die verbliebenen Unternehmen werden nun einer intensiveren Prüfungsphase unterzogen. Hierzu müssen diese einen vollständigen und umfassenden Businessplan einreichen. Aus diesem muss das Unternehmenskonzept als klar und tragfähig hervorgehen. Auf der Grundlage dieses Businessplans wird geprüft, welches Unternehmen zu einer Unternehmenspräsentation vor der Beteiligungsgesellschaft eingeladen wird. Im Rahmen dieser Unternehmenspräsentation muss die Geschäftsführung des potentiellen Zielunternehmens den Unternehmensgegenstand plausibel herausarbeiten und dem Management der Beteiligungsgesellschaft überzeugend darlegen warum sie gerade in dieses Unternehmen investieren soll. Nach dieser persönlichen Präsentation trifft die Beteiligungsgesellschaft eine Entscheidung darüber, welches Unternehmen in die nächste Phase eintritt.

Phase 3 – Due Dilligence:[7]

In dieser Phase wird das Unternehmen einer sorgfältigen Prüfung unterzogen. Die Prüfung (Due Dilligence) unterteilt sich in eine technische (Technical Due Dilligence),

---

5 Vgl. Eckstaller, Claudia; Huber-Jahn, Ingrid: Private Equity und Venture Capital – Bergriff – Grundlagen – Perspektiven, Verlag Wissenschaft & Praxis, Sternenfels 2006, S. 85.
6 Vgl. Ebd., S. 86.
7 Vgl. Ebd., S. 87.

wirtschaftliche (Business and Financial Due Dilligence) sowie rechtliche Prüfung (Legal Due Dilligence).

Phase 4 – Bewertung:[8]

Die Erkenntnisse der Due Dilligence werden zusammen mit dem Management des Unternehmens ausgewertet. Sie führen zu einer Bewertung des Unternehmens. Diese Bewertung dient der Beteiligungsgesellschaft als Grundlage für die Preisfindung, also die Festsetzung, wie viele Anteile die Gesellschaft für welche Zahlung in das Eigenkapital des Unternehmens erhält.

Phase 5 – Beteiligungsvertrag:[9]

Nun folgt der Beteiligungsvertrag, in dem die beiden Parteien vereinbaren, in welchen Schritten, unter welchen Voraussetzungen und zu welchen Konditionen die Beteiligung vollzogen wird.

Phase 6 – Hands on & Exit:[10]

Die Beteiligungsgesellschaft steht nach der Investition mit dem Unternehmen in engem Kontakt. Ziel ist durch eine enge Zusammenarbeit eine wesentliche Wertsteigerung des Unternehmens zu erreichen. In Abstimmung mit dem Management des Unternehmens wird der Weiterverkauf (Exit) der Anteile nach etwa drei bis sieben Jahren Haltedauer angestrebt.

3. Chancen von Private Equity Investitionen

3.1 Chancen für die beteiligten Unternehmen

3.1.1 Hilfe für junge Unternehmen

Google kennt heute nahezu jeder. Larry Page und Sergei Brin[11] gründeten das Unternehmen 1998 um eine Suchmaschine zu entwickeln, die bessere Suchergebnisse liefert als alle anderen. Aus der Idee wurde Wirklichkeit. Google ist mittlerweile der größte Suchanbieter der Welt und hat einen Wert von rund 120 Milliarden Euro. Möglich wurde dieser Erfolg unter anderem dadurch, dass das junge Unternehmen in der kritischen Startphase eine Finanzhilfe erhielt.[12]

---

8 Vgl. Eckstaller, Claudia; Huber-Jahn, Ingrid: Private Equity und Venture Capital – Bergriff – Grundlagen – Perspektiven, Verlag Wissenschaft & Praxis, Sternenfels 2006, S. 87.
9 Vgl. Ebd., S. 88.
10 Vgl. Ebd., S. 88 – 89.
11 Vgl. http://www.welt.de/webwelt/article2378348/Die-Google-Geschichte.html abgerufen am 11.12.2009.
12 Vgl. http://www.wir-investieren.de/was-ist-private-equity/venture-capital-wagniskapital abgerufen am: 11.12.2009.

Dies geschah aber nicht durch Banken, welche an den Chancen von Google zweifelten, sondern durch Wagniskapitalgeber, die wie die Gründer selbst, an die Idee glaubten.

Gerade Unternehmen in der Gründungs- und Aufbauphase[13] oder bei der Entwicklung eines neuen Produkts haben einen speziellen Eigenkapitalbedarf.

Diese Unternehmen bergen aufgrund ihres innovativen Konzeptes oder ihrer neuartigen Technologie enorme Gewinnchancen. Allerdings befinden sich solche Unternehmen in einer Phase geringer oder gar keiner Erträge bei hohen Kosten.

Die Folge sind Liquiditätsengpässe. Mangels Erfahrungswerte ist eine fundierte ökonomische Bewertung für potenzielle Kreditgeber hier nur sehr begrenzt durchführbar.

Der Wert dieser Unternehmen liegt in den Wachstumschancen, dem „Human Gain" und den vermarktbaren Ideen.[14]

Man unterscheidet hierbei zwischen drei Finanzierungsformen[15], der Seed-Finanzierung, der Start-up-Finanzierung sowie der Early-Stage-Finanzierung.

Während der Seed-Phase existiert meist nur eine Geschäftsidee, die es umzusetzen gilt. Der Schwerpunkt der Aktivitäten liegt hier auf Forschungsinvestitionen und Produktentwicklung.

Bei der Start-up-Finanzierung geht es um die Gründungsphase eines Unternehmens, in der die Produktentwicklung sowie die ersten Vermarktungsschritte finanziert werden.

Die Early-Stage-Finanzierung beschreibt eine Finanzierungsart, in der Kapital für die Frühphase eines Unternehmens, in der die Produktentwicklung bereits abgeschlossen ist, aber noch kein Umsatz erzielt wurde, bereitgestellt wird. Neben Eigenkapital geben Private Equity Geber oftmals auch Managementunterstützung in solche Unternehmen.

Sie stellen ihr Knowhow und ihre Erfahrung zur Verfügung und verleihen dem Unternehmen Zugang zu ihren internationalen Netzwerken.[16]

Viele heute sehr erfolgreiche Ideen hätten ohne Private Equity Unterstützung niemals in eine Unternehmung gemündet.

3.1.2 Steigerung des Unternehmenswertes

Viele Private Equity Gesellschaften erzielen mit ihren Investitionen überdurchschnittlich hohe Renditen. Diese basieren auf einer Steigerung des Unternehmenswertes, welche sich im realisierten Mehrwert beim Verkauf zeigt.[17]

---

13 Vgl. Eckstaller, Claudia; Huber-Jahn, Ingrid: Private Equity und Venture Capital – Bergriff – Grundlagen – Perspektiven, Verlag Wissenschaft & Praxis, Sternenfels 2006, S. 21.
14 Vgl. Ebd., S. 21.
15 Vgl. Ebd., S. 22 – 23.
16 Vgl. Ebd., S. 21.
17 Vgl. Handelsblatt (Köhler, Peter): Private Equity – Handbuch 2007, Verlag für Wirtschaftsinformationen, Frankfurt am Main 2007, S. 20.

Die Wertschöpfungshypothese ist der vorherrschende Ansatz zur Erklärung der Wertsteigerungen[18] der Unternehmen und den von den Finanzinvestoren dadurch generierten Renditen bei Buyout[19]-Transaktionen.

Die Wertschöpfungshypothese begründet eine Wertsteigerung durch Verbesserungen im Zielunternehmen.[20]

Diese Verbesserungen sind häufig Effizienzsteigerungen wie z.b. ein Anstieg der Produktivität oder Profitabilität[21] welche durch die disziplinierende Funktion des eingesetzten Fremdkapitals, welches das Unternehmen und seine Mitarbeiter zur Sparsamkeit antreibt, die Abnahme der Bürokratie oder durch eine Verbesserte Unternehmenskontrolle durch das Management realisiert werden.

Eine Studie von McKinsey&Company untersuchte 2005 insgesamt 60 große Buyout Transaktionen von elf verschiedenen Private Equity Gesellschaften hinsichtlich der Wertsteigerungen und ihrer Treiber.[22] Die Stichprobe setzt sich aus nordamerikanischen und europäischen Unternehmen zusammen und repräsentiert Transaktionen ab einem Volumen von 100 Mio. US-Dollar.

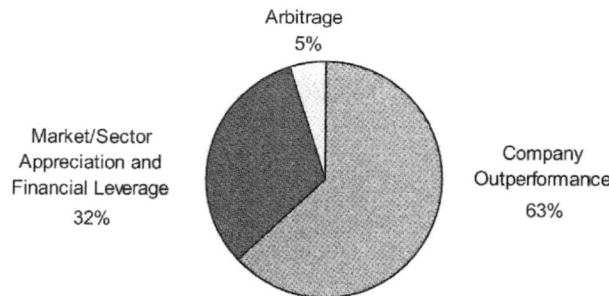

Quelle: McKinsey&Company: 60 Buyouts und ihre Werttreiber (2005) in: Kaserer, Achleitner: Private Equity in Deutschland – Rahmenbedingungen, ökonomische Bedeutung und Handlungsempfehlungen. Books on demand, Norderstedt 2007, S. 199.

---

18 Vgl. Kaserer, Achleitner: Private Equity in Deutschland – Rahmenbedingungen, ökonomische Bedeutung und Handlungsempfehlungen. Books on demand, Norderstedt 2007, S. 197.
19 Übernahme durch Eigenkapital und Management mit anschließendem Verkauf.
20 Vgl. Kaserer, Achleitner: Private Equity in Deutschland – Rahmenbedingungen, ökonomische Bedeutung und Handlungsempfehlungen. Books on demand, Norderstedt 2007, S. 197.
21 Vgl. Ebd., S. 197.
22 Vgl. Ebd., S. 198.

Untersucht wurden drei verschiedene Werttreiber. „Market/Sektor Appreciation and Financial Leverage", „Arbitrage" und „Company Outperformance".

„Market/Sektor Appreciation and Financial Leverage" steht für eine Wertsteigerung durch eine gestiegene Bewertung des Gesamtmarktes oder eine bestimmten Branche. „Arbitrage" steht für eine Wertsteigerung durch einen unter dem Marktwert liegenden Kaufpreis für das Unternehmen.

„Company Outperformance" steht für eine Steigerung des Unternehmenswertes aufgrund operativer Verbesserungen im Unternehmen.[23]

Die Studie wies nach, was die Grafik auf Seite acht verdeutlicht, dass die Wertsteigerungen in 63 % der Fälle auf eine operative Verbesserung im Zielunternehmen zurückzuführen waren und in nur 5 % der Fälle auf einen unter dem Marktwert liegenden Kaufpreis und in 32 % der Fälle auf einen Steigerung der Markt- oder Branchenbewertung.

3.1.3 Steigerung des Innovationsgrades

Einige Studien[24] zeigen einen positiven Einfluss von Privatem Beteiligungskapital auf den Innovationsgrad des Portfoliunternehmens. So konnten bei Private Equity finanzierten Unternehmen, ungeachtet ihres Alters, durchschnittlich betrachtet mehr Patentanmeldungen beobachtet werden, als bei vergleichbaren nicht Private Equity finanzierten Unternehmen. Es konnte belegt werden,[25] unter Beachtung der Kausalitätsrichtung, d.h. Der Frage ob sich eine Private Equity Finanzierung tatsächlich positiv auf die Innovationstätigkeit auswirkt, oder ob es für innovativere Unternehmen nur leichter ist, eine Private Equity Finanzierung zu erhalten, dass ein US-Dollar Private Equity Kapital ca. dreimal so wirkungsvoll im Bezug auf das Hervorbringen von Patenten ist als ein US-Dollar traditioneller Forschungs- und Entwicklungsausgaben.

Untersucht wurde jedoch auch, ob die Patentanzahl ein geeignetes Maß zur Abschätzung des Innovationsgrades ist.

Mit Private Equity finanzierte Unternehmen könnten unter Druck stehen und so vermehrt Patente anmelden nur um Investoren von ihrer Forschungstätigkeit zu überzeugen. Darunter könnte die Qualität der Patente leiden. Kortum und Lerner (2000)[26] zeigten

---

23 Vgl. Kaserer, Achleitner: Private Equity in Deutschland – Rahmenbedingungen, ökonomische Bedeutung und Handlungsempfehlungen. Books on demand, Norderstedt 2007, S. 198 – 199.

24 Vgl. Ebd., S. 30.

25 Vgl. Ebd., S. 31.

26 Vgl. Kortum und Lerner (2000) in: Kaserer, Achleitner: Private Equity in Deutschland – Rahmenbedingungen, ökonomische Bedeutung und Handlungsempfehlungen. Books on demand, Norderstedt 2007, S. 31.

jedoch, dass die Qualität der Patente von Private Equity finanzierten Unternehmen eine überzeugendere Qualität aufwiesen als die der übrigen Unternehmen. Die Qualität wurde hierbei anhand der Anzahl der Zitierungen bei anderen Patenten sowie der Anzahl der Gerichtsverfahren um die Patente gemessen.

Ebenso wurden in einer weiteren Studie von Hellmann und Puri[27] Private Equity finanzierte Unternehmen und normal finanzierte Unternehmen hinsichtlich ihrer Innovationseffektivität untersucht. Sie wiesen anhand von 149 Unternehmen nach, dass Private Equity finanzierte Unternehmen ihre Produkte schneller am Markt einführen konnten als andere Unternehmen.

3.1.4 Professionalisierung des Managements

Dass sich ein Private Equity Einstieg auch positiv auf das Management des Unternehmens auswirken kann, zeigt das Beispiel vom Stuttgarter Parkraumbewirtschafter Apcoa.[28]

Vor dem Einstieg des Private Equity Investors Investcorp gab es bei Apcoa keine monatlich konsolidierten Geschäftszahlen und keine Investitionspläne. Dafür aber erfolgsunabhängige und starre Budgets.

Das Unternehmenswachstum stagnierte. Mit dem Einstieg von Investcorp wurde ein transparentes Berichtssystem sowie klare Investitionspläne eingeführt. Ebenso wurde das starre Budgetsystem abgeschafft und durch ein effizienteres ersetzt.

Die Zahl der Konzernentwickler und Konzernstrategen wurde von zwei auf zwölf erhöht. Zudem stellte man das Gehalt der verschiedenen City-Manager um und bezahlte diese nun abhängig davon, wie viele neue Parkplätze und Garagen die Manager zur Bewirtschaftung schufen.[29]

Dieses neue Anreizsystem sowie die Beteiligung von insgesamt 68 Managern der ersten bis zur vierten Führungsebene am Apcoa-Kapital erwiesen sich als sehr wirksam.

Apcoa konnte sein Neugeschäft in Deutschland verdoppeln.

Dieses Beispiel zeigt, dass Private Equity Investitionen einen für das Unternehmen sehr sinnvollen Nebeneffekt haben können. Durch die stark renditeorientierte Arbeitsweise der Investoren muss das Management neu aufgestellt und verändert werden um eine nachhaltige Wertsteigerung des Unternehmens zu erzielen. Ohne diese Umstellungen im Management wäre es Apcoa nie gelungen seinen Umsatz um ein Fünftel auf

---

27 Vgl. Hellmann und Puri in: Kaserer, Achleitner: Private Equity in Deutschland – Rahmenbedingungen, ökonomische Bedeutung und Handlungsempfehlungen. Books on demand, Norderstedt 2007, S. 31.
28 Vgl. Maier, Angela: Der Heuschrecken – Faktor. Hanser, München 2007, S. 165.
29 Vgl. Ebd., S. 167.

489 Millionen Euro zu steigern und seinen Unternehmenswert mehr als zu verdreifachen.[30]

3.2 Chancen für die Private Equity Gesellschaft

3.2.1 Chancen auf hohe Renditen

Zentrales Anliegen eines Kapitalgebers ist in der Regel, eine möglichst hohe Verzinsung des eingesetzten Kapitals zu erreichen.[31] Selbstverständlich spielen neben diesem Anliegen viele andere Einflussfaktoren wie die Höhe oder die Fristigkeit der Anlage eine Rolle. Chancen auf eine hohe Verzinsung am Kapitalmarkt sind jedoch auch mit entsprechenden Verlustrisiken verbunden. Grundsätzlich kann bei Kapitalanlagen festgestellt werden, dass höhere Risiken mit höheren Ertragschancen einhergehen. Dies gilt auch für Anlagen im Private Equity Segment. Nicht zuletzt deshalb, ist Private Equity allgemein auch als „Risikokapital"[32] bekannt.

Ein Private Equity Anleger ist mit seiner Investition direkt an unternehmerischen Entwicklungen beteiligt. Wenn diese Entwicklungen erfolgreich sind, verzinst sich die Investition des privaten Anlegers höher als bei Anlagen beispielsweise in klassischen Wertpapieren.

Kapitalinvestitionen in Private Equity gelten allgemein als höchst chancenreich, sofern sich die angestrebte Ausstiegsstrategie in der gewünschten Form realisieren lässt.

Bei Private Equity Anlagen liegt das Ertragspotenzial in der unternehmerischen Tätigkeit des bzw. der Zielunternehmen.[33] Je nach Investitionszeitpunkt und Exit-Strategie setzt privates Beteiligungskapital auf den Zuwachs der Eigenkapitalrendite bzw. des Unternehmenswertes durch das eingesetzte Kapital sowie die Management Betreuung der Beteiligungsgesellschaft.

Private Equity setzt darauf, dass sich das Unternehmen von den Anfängen hin bis zum späteren Exit – beispielsweise einem Börsengang oder einem Verkauf an andere Investoren wie z.B. Großunternehmen – erfolgreich entwickelt.

Im Falle eines Exits bestimmt sich der Ertrag durch die Höhe des dann zu erzielenden Verkaufspreises einer Beteiligung. Bei positiver Entwicklung lassen sich mitunter

30 Vgl. Maier, Angela: Der Heuschrecken – Faktor. Hanser, München 2007, S. 167.
31 Vgl. Eckstaller, Claudia; Huber-Jahn, Ingrid: Private Equity und Venture Capital – Bergriff – Grundlagen – Perspektiven, Verlag Wissenschaft & Praxis, Sternenfels 2006, S. 97.
32 Vgl. http://www.foerderland.de/1373.0.html abgerufen am: 28.12.2009.
33 Vgl. Eckstaller, Claudia; Huber-Jahn, Ingrid: Private Equity und Venture Capital – Bergriff – Grundlagen – Perspektiven, Verlag Wissenschaft & Praxis, Sternenfels 2006, S. 100.

Wertsteigerungen von mehreren hundert Prozent realisieren, was folgende Grafik verdeutlicht:

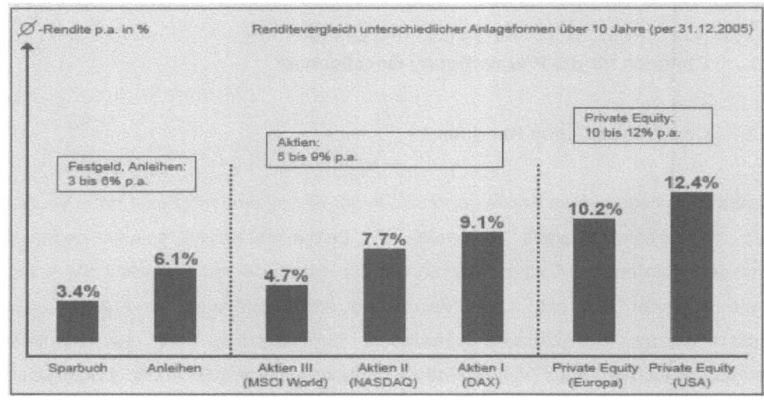

Quelle: http://www.bvkap.de/privateequity.php/cat/141/aid/91/title/3._Wie_schneidet_Private_
Equity_im_Vergleich_verschiedener_Anlageformen_ab

Verglichen mit anderen Anlageformen wie z.B. Aktien oder Anleihen liegt die durchschnittliche Rendite von Private Equity Investitionen deutlich über der durchschnittlichen Rendite von Aktien oder Anleihen.[34] Auf dem europäischen Private Equity Markt liegt die Rendite bei 10,2%, wohingegen die Rendite von Aktien bei DAX-gelisteten Unternehmen nur bei 9,1% liegt.

4. Risiken von Private Equity Investitionen

4.1 Risiken für die beteiligten Unternehmen

4.1.1 Verschuldung des beteiligten Unternehmens

Der Großteil der heute getätigten Private Equity Investitionen wird nicht über das Eigenkapital der Beteiligungsgesellschaften finanziert, sondern über zinsgünstiges Fremdkapital.[35] Man bedient sich dabei eines sehr wirksamen „Leverage"-Effekts.

---

34 Vgl. http://www.bvkap.de/privateequity.php/cat/141/aid/91/title/3._Wie_schneidet_Private_Equity_im
   abgerufen am: 2.1.2010.
35 Vgl. Maier, Angela: Der Heuschrecken – Faktor. Hanser, München 2007, S. 26.

Dieser besteht darin, die Kaufpreise für Unternehmen so weit wie möglich mit Fremdkapital zu finanzieren.

Dabei sind Fremdkapitalquoten von mehr als 80 Prozent keine Seltenheit.[36]

Die Wirksamkeit dieses Vorgehens soll an einem kurzen Beispiel erläutert werden:[37] Angenommen ein Finanzinvestor kauft ein Unternehmen für 100 Millionen Euro und verkauft es zwei Jahre später für 150 Millionen Euro. Finanziert er den Kaufpreis von 100 Millionen Euro komplett mit Eigenkapital, hätte er einen Gewinn von 50 Millionen Euro. Dies Entspräche einer IRR[38] (Internal Return Rate) von 22 Prozent. Nimmt er jedoch 80 Millionen Euro Kredit auf und finanziert nur 20 Millionen Euro aus dem Eigenkapital, so lässt sich durch das Übertragen der Schulden zuzüglich der Zinsen auf das Unternehmen die IRR auf 69 Prozent steigern.

Neben der Steigerung der IRR sprechen oft auch steuerliche Gründe für diese Finanzierungsform.

Das Übertragen der Schulden auf das Unternehmen kann für selbiges eine große finanzielle Belastung darstellen,[39] und das Insolvenzrisiko erhöhen. Häufig werden diese Kredite durch die Vermögenswerte des Zielunternehmens gesichert.

Die Schulden müssen durch das Unternehmen regelmäßig bedient werden, und verringern so die finanziellen Spielräume. Um all diese Schulden bedienen zu können, müssen häufig die Ausgaben wie z.B. der Mittelbedarf für den Geschäftsbetrieb (Working Capital) gesenkt, der Lagerbestand reduziert, Arbeitsplätze abgebaut und die Lieferanten um eine Verlängerung der Zahlungsziele gebeten werden.[40]

Darüber hinaus müssen die Unternehmen in Private Equity Besitz die Transaktionskosten tilgen, die die Beteiligungsgesellschaft für die Übernahme aufnahm.

Gelingt einer Private Equity Gesellschaft der Kauf eines Unternehmens, so wälzt sie darauf sämtliche Kosten für Investmentbanker, Unternehmensberater, Wirtschaftsprüfer und Rechtsanwälte ab. Und zwar für den Einstieg, also den Kauf des Unternehmens, als auch für den Exit, den Verkauf.

4.1.2 Verlust von Arbeitsplätzen

Von den großen Beteiligungsgesellschaften wie Blackstone oder The Carlyle Group wird

---

36 Vgl. Maier, Angela: Der Heuschrecken – Faktor. Hanser, München 2007, S. 20.
37 Vgl. Kaserer, Achleitner: Private Equity in Deutschland – Rahmenbedingungen, ökonomische Bedeutung und Handlungsempfehlungen. Books on demand, Norderstedt 2007, S. 179.
38 Die IRR (Internal Return Rate) ist eine Möglichkeit die Rendite von Kapitalanlagen zu berechen.
39 Vgl. Maier, Angela: Der Heuschrecken – Faktor. Hanser, München 2007, S. 27.
40 Vgl. Albrecht Hertz-Eichenrode, Andreas Schober Hg.: Zwischen Rendite und Verantwortung – Drei Jahrzehnte Private Equity in Deutschland. Frankfurter Allgemeine Buch, Frankfurt am Main 2009, S. 181.

im Bezug auf den Stellenabbau im Rahmen einer Private Equity Investition eine Studie des europäischen Private Equity Verbands EVCA aus dem Jahr 2005 mit den Worten:

> „Private-Equity bietet institutionellen Investoren nicht nur höhere Eträge, sondern spielt auch beim wirtschaftlichen Wachstum und der Erschaffung von Arbeitsplätzen eine wichtige Rolle."[41]

zitiert. Auch eine andere Studie der Unternehmensberatung A.T. Kearney aus dem Jahr 2006 zeigt auf, dass Private Equity Investoren in den letzten vier Jahren über eine Million neue Arbeitsplätze geschaffen haben.

Beide Untersuchungen sind jedoch fehlerhaft,[42] da die einbezogenen Daten nicht ausreichend und daher unseriös sind. Aus diesem Grund weisen die Autoren darauf hin, dass nur begutachtet werden konnte was ihnen an Zahlen vorgelegt wurde.

Für ihre Erhebung, für die die EVCA bei 1000 der 1500 europäischen Beteiligungsgesellschaften angefragt hat, hat der Verband nur von 201 Portfoliounternehmen Antwort erhalten. Bei etwa 29 000 beteiligungsfinanzierten Unternehmen ist dies eine Quote von 0,7 Prozent.

Es ist derzeit schwer zu den Beschäftigungsauswirkungen von Private Equity Investitionen belastbare Aussagen zu tätigen. Die Studien die es gibt, sind entweder von einem Private Equity Interessenverband in Auftrag gegeben und somit nur beschränkt verwertbar, oder die herausgegebenen Zahlen zeigen nur einen sehr kleinen Ausschnitt des Private Equity Geschäfts.

Betrachtet man nun jeden Fall für sich, so zeigt sich, dass einige Private Equity Investoren im Allgemeinen keine Hemmungen haben Arbeitsplätze zu streichen.

Hierzu einige Fallbeispiele:[43]

(1) Beim Verkauf der Wohnungsgesellschaft Viterra an einen Private Equity Investor, wurden 575 der 1900 Arbeitsplätze abgebaut.

(2) Beim Triebwerkshersteller MTU baute KKR in den Jahren 2004 und 2005 1250 der 8000 Arbeitsplätze ab, obwohl Umsätze und Gewinne in der Zeit stetig anstiegen.

(3) KKR der als aggressiver Investor gilt, strich bei Tenovis, einem Telekommunikationsausrüster, 2600 der 8000 Stellen, obwohl die Beschäftigten auf 12,5 Prozent ihres Lohns verzichtet hatten.

Dies sind nur einige Beispiele für die ausnahmslos renditeorientierte Arbeitsweise von manchen Private Equity Investoren, der häufig Arbeitsplätze aus Kosteneinsparungsgründen zum Opfer fallen.

---

41 Vgl. Studie des EVCA (European Private Equity and Venture Capital Association) 2005 in: Angela Meier: Der Heuschrecken – Faktor. Hanser, München 2007, S. 139.
42 Vgl. Maier, Angela: Der Heuschrecken – Faktor. Hanser, München 2007, S. 139.
43 Vgl. Ebd., S.142-143.

4.2 Risiken für die Private Equity Gesellschaften

4.2.1 Verlust der Kapitaleinlage

Die Rendite einer Kapitaleinlage in Private Equity hängt überwiegend vom unternehmerischen Erfolg des Beteiligungsunternehmens ab.[44] Sofern die Geschäftsidee scheitert, ein wesentliches Entwicklungsvorhaben nicht gelingt, ein Wettbewerber erfolgreich wichtige Schutzrechte angreift, der Markt sich unerwartet grundlegend verändert, die Produkte verborgene Mängel haben, die erst im Gebrauch offen gelegt werden, oder die Geschäftsleitung des Beteiligungsunternehmens schlecht wirtschaftet, kann das von der Private Equity Gesellschaft eingesetzte Kapital teilweise oder vollständig verloren sein.

Wenn im Portfolio der Beteiligungsgesellschaft mehrere Beteiligungen derart misslingen, besteht für die Gesellschaft und infolgedessen für den Anleger sogar das Risiko, dass mit dem Gesellschaftskapital überhaupt keine Renditen erzielt werden oder das Kapital sogar ganz oder zumindest teilweise aufgezehrt wird.

In den letzten Jahrzehnten waren Private Equity Investitionen zwar eine Anlageform mit spektakulären Renditen im Vergleich zu anderen Investitionsmöglichkeiten. Dennoch rechnet die Private Equity Branche eine Ausfallquote von 30-50 Prozent ein, insbesondere bei Frühphasen-Finanzierungen.[45]

Um diesen Risiken zu begegnen, wählen Private Equity Gesellschaften meist Beteiligungen bei Unternehmen in verschiedenen „Lebensphasen", aus verschiedenen Branchen, Regionen, Marktsegmenten und/oder mit unterschiedlicher Risikostruktur.

Je breiter die Portfoliodiversifizierung angelegt ist, desto geringer ist das Risiko des Totalverlustes der Kapitaleinlage.

5. Gesamtwirtschaftliche Auswirkungen von Private Equity Investitionen

5.1 Auswirkungen auf das Bruttoinlandsprodukt

Das Bruttoinlandsprodukt (BIP) bezeichnet den Wert aller Güter (Sach- und Dienstleistungen), die in einer Volkswirtschaft innerhalb eines Jahres erstellt werden.[46]

---

44 Vgl. Eckstaller, Claudia; Huber-Jahn, Ingrid: Private Equity und Venture Capital – Bergriff – Grundlagen – Perspektiven, Verlag Wissenschaft & Praxis, Sternenfels 2006, S. 103.
45 Vgl. Ebd., S. 103.
46 Vgl. Brombierstäudl, Ulrike: Abitur-Wissen - Wirtschaft&Recht – Volkswirtschaft, Stark, 2000, S. 3.

Damit ist das Bruttoinlandsprodukt ein Maß für die wirtschaftliche Leistungsfähigkeit einer Volkswirtschaft.

Im Jahr 2008 wurden 0,37% vom gesamten Bruttoinlandsprodukt im Private Equity Segment investiert. Studien belegen,[47] dass Privates Risikokapital einen direkten Beitrag zum Produktivitätswachstum der gesamten Volkswirtschaft leistet. Unternehmen, die sich mit Beteiligungskapital finanzieren, wachsen im Vergleich zur Gesamtheit aller Unternehmen sowohl in der Umsatzentwicklung, bei der Eigenkapitalquote als auch in der Exporttätigkeit überdurchschnittlich. Darüber hinaus erwirtschaften diese Unternehmen, laut der Studie, höhere Gewinne als vergleichbare, nicht Private Equity finanzierte Unternehmen.[48]

Im Jahr 2006 investierten die im Bundesverband Deutscher Kapitalbeteiligungsgesellschaften (BVK) organisierten Private Equity Gesellschaften in über 5.500 kleine und mittlere Unternehmen. Diese Unternehmen erwirtschafteten einen Jahresumsatz von insgesamt 14,4 Mrd. Euro. Das sind 5,2 % des gesamten deutschen Bruttoinlandsprodukts (BIP).[49]

Private Equity Investitionen und ihre Gesellschaften stellen somit aufgrund ihrer nachhaltigen Bedeutung für die Unternehmen, die sie finanzieren, einen nicht zu unterschätzenden Faktor für das Bruttoinlandsprodukt einer Volkswirtschaft dar.

47 Vgl. Romain, A.; van Pottelsberghe, B., Economic Impact, in: Eckstaller, Claudia; Huber-Jahn, Ingrid: Private Equity und Venture Capital – Bergriff – Grundlagen – Perspektiven, Verlag Wissenschaft & Praxis, Sternenfels 2006, S. 67.
48 Vgl. Eckstaller, Claudia; Huber-Jahn, Ingrid: Private Equity und Venture Capital – Bergriff – Grundlagen – Perspektiven, Verlag Wissenschaft & Praxis, Sternenfels 2006, S. 66.
49 Vgl. Ebd., S.66.

6.   Fazit

Zusammenfassend lassen sich nun einige Chancen und Risiken von Private Equity Investitionen festhalten. Auf der Seite der Unternehmen können Private Equity Investitionen eine große Hilfe speziell junge Unternehmen sein, den Unternehmenswert sowie den Innovationsgrad signifikant steigern und das Management professionalisieren. Für die Private Equity Gesellschaften ist lediglich die Chance auf eine hohe Rendite beim Ausstieg aus den Unternehmen erwähnenswert.

Bei den Risiken einer Private Equity Investition für die Unternehmen spielen der Arbeitsplatzverlust sowie die Verschuldung des Unternehmens eine wichtige Rolle. Für die Gesellschaften ist auch hier nur die Rendite von Bedeutung, die gering oder, im schlimmsten Falle, gar nicht vorhanden sein kann.

Wägt man nun die Chancen und Risiken nominal gegeneinander ab, so fällt schnell das Übergewicht auf Seiten der Chancen einer Private Equity Investition auf. Speziell bei den Zielunternehmen überwiegen zahlenmäßig klar die Chancen die eine solche Investition mit sich bringen kann. Aber eben hier liegt das Problem: Es ist nicht möglich die Frage „Chance oder Risiko?" eindeutig für Jedermann anhand der Anzahl der Chancen oder der Risiken zu beantworten. Die Bedeutung einer Private Equity Investition kann sehr stark mit der Perspektive wechseln. Für die Arbeitnehmer, die im Zuge einer kostensparenden Umstrukturierung des Unternehmens ihren Arbeitsplatz verlieren, bedeutet der Einstieg eines Private Equity Investors eine Existenzbedrohung. Unter anderem deshalb erhielt Franz Müntefering mit seiner Anklage der gesamten Private Equity Branche in der Bevölkerung eine so große Zustimmung.

Aus der Sicht eines jungen Unternehmens, das einen großen Kapitalbedarf hat, der gedeckt werden muss, stellt der Einstieg eines Private Equity Investors hingegen eine große Chance dar, da Banken in derart junge Unternehmen oft noch kein Vertrauen haben und Kredite verweigern.

Darüber hinaus ist eine diskretionäre Untersuchung des Sachverhalts von großer Bedeutung. Wie Überall, gibt es auch in der Private Equity Branche schwarze Schafe.

Dies sind Gesellschaften, welche ihre übernommenen Unternehmen zerschlagen, unnötig viele Arbeitsplätze abbauen und nach einer sehr kurzen Haltedauer weiterverkaufen, um den Renditeerwartungen der Investoren gerecht zu werden. Auf diese Art von Private Equity Gesellschaft trifft die Müntferingsche Definition von Private Equity uneingeschränkt zu.

Im Verlauf dieser Arbeit wurde jedoch deutlich, dass eine Verallgemeinerung wie die von Franz Müntefering nicht angebracht und schlicht unprofessionell ist. Dies hinderte die Medien aber nicht daran, dem „Heuschreckenbegriff" den Weg in unseren allgemeinen

Sprachgebrauch zu ebnen und so eine ganze Branche zu diskreditieren.

Mir war es ein besonderes Anliegen, in meiner Arbeit eben diesen Fehler der Verallgemeinerung nicht zu begehen.

7. Literaturverzeichnis

I. Printmedien:

– **Brombierstäudl, Ulrike**: Abitur-Wissen - Wirtschaft&Recht – Volkswirtschaft. Stark, 2000.

– **Eckstaller, Claudia; Huber-Jahn, Ingrid**: Private Equity und Venture Capital – Bergriff – Grundlagen – Perspektiven. Verlag Wissenschaft & Praxis, Sternenfels 2006.

– **Handelsblatt (Köhler, Peter)**: Private Equity – Handbuch 2007. Verlag für Wirtschaftsinformationen, Frankfurt am Main 2007.

– **Hertz-Eichenrode, Albrecht; Schober Hg., Andreas**: Zwischen Rendite und Verantwortung – Drei Jahrzehnte Private Equity in Deutschland. Frankfurter Allgemeine Buch, Frankfurt am Main 2009.

– **Kaserer; Achleitner**: Private Equity in Deutschland – Rahmenbedingungen, ökonomische Bedeutung und Handlungsempfehlungen. Books on demand, Norderstedt 2007.

– **Meier, Angela**: Der Heuschrecken – Faktor. Hanser, München 2007.

II. Internetquellen:

– http://www.bvkap.de/privateequity.php/cat/141/aid/91/title/3._Wie_schneidet_Private_Equity_im_Vergleich_verschiedener_Anlageformen_ab
  abgerufen am: 2.1.2010.

– http://www.foerderland.de/1373.0.html
  abgerufen am: 28.12.2009.

– http://www.tagesspiegel.de/zeitung/Titelseite;art692,2592557
  abgerufen am: 24.12.2009.

– http://www.welt.de/webwelt/article2378348/Die-Google-Geschichte.html
  abgerufen am: 11.12.2009.

– http://www.wir-investieren.de/was-ist-private-equity/venture-capital-wagniskapital
  abgerufen am: 11.12.2009.

8.　Abbildungsverzeichnis

–　McKinsey&Company: 60 Buyouts und ihre Werttreiber (2005) in: Kaserer, Achleitner: Private Equity in Deutschland – Rahmenbedingungen, ökonomische Bedeutung und Handlungsempfehlungen. Books on demand, Norderstedt 2007, S. 199.

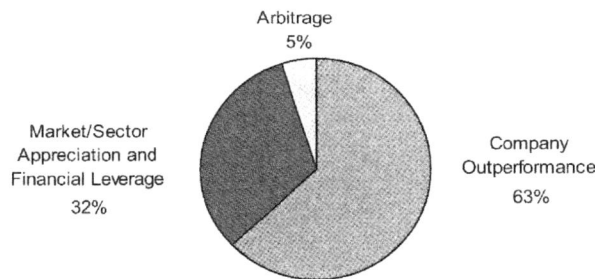

–　http://www.bvkap.de/privateequity.php/cat/141/aid/91/title/3._Wie_schneidet_Private_ Equity_im_Vergleich_verschiedener_Anlageformen_ab
abgerufen am: 6.1.2010.

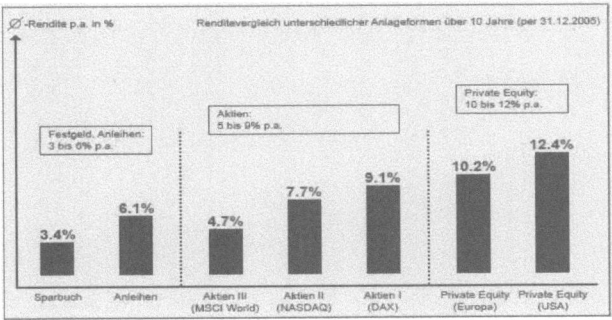

9. Abkürzungsverzeichnis

– BIP (Bruttoinlandsprodukt)

– BVK (Bundesverband Deutscher Kapitalbeteiligungsgesellschaften)

– DAX (Deutscher Aktienindex)

– EVCA (European Venture Capital and Private Equity Association)

– IRR (Internal Return Rate)